AF296123

DE
L'ORGANISATION
DE
LA JUSTICE.

Nomination des Magistrats ; — Justice pour les Pauvres ; — Tarif ;

PAR

Adolphe LAMBERT.

NANCY,

Imprimerie et Librairie de Nicolas, passage du Casino.

9 AVRIL 1848.

DE L'ORGANISATION

DE

LA JUSTICE.

Il n'y a pas besoin d'argumentation pour démontrer :

1° Que les lois étant l'organisation de la société, doivent progresser comme elle ;

2° Que l'application des lois est presque aussi importante que les lois mêmes ; que, suivant les cas, les intérêts, l'honneur ou la liberté des citoyens dépendent de la décision des magistrats ;

3° Que le premier devoir du Gouvernement est de rendre la justice ; que tous les membres de la société y ont droit ; qu'en fait, les pauvres en sont privés, parce qu'il faut, pour arriver jusqu'aux juges, procéder par des frais dont ils ne peuvent faire les avances.

Ceci admis, je conclus : 1° qu'il y a lieu de réviser la législation pour faire disparaître les dispositions qui ne sont plus en harmonie avec les idées de notre époque, et pour y introduire des améliorations en rapport avec le régime démocratique ; à cet effet, je propose qu'une commission de jurisconsultes soit formée, dès aujourd'hui, pour réviser nos codes et formuler des projets, qui seront soumis à la première Assemblée législative.

2° Que le choix des magistrats doit reposer sur des garanties de moralité, d'impartialité, de science, qui les élèvent à la hauteur de leur mission, et rassurent complètement les justiciables ;

3° Qu'il est aussi équitable que nécessaire d'anéantir les obstacles qui s'interposent entre la classe indigente et la justice, et que l'égalité devant la loi devienne enfin une vérité sérieuse.

Nomination aux fonctions judiciaires, justice pour les pauvres, voilà des questions qui touchent à l'organisation judiciaire et qui seront soumises à l'Assemblée constituante.

Il importe donc que les différents systèmes d'organisation de la justice soient émis et discutés en ce moment. C'est un devoir, pour tous les citoyens qui ont quelques idées sur cette matière, d'en offrir le tribut à l'État et de les livrer à la publicité. A ce titre je viens exposer mes réflexions.

J'examinerai la question sous trois points de vue seulement :

1° Organisation du personnel des cours et tribunaux ;

2° Moyens de rendre la justice accessible au pauvre ;

3° Principe du tarif des frais de justice.

PREMIÈRE QUESTION.

Personnel des Tribunaux.

Le mode actuel de nomination aux fonctions judiciaires est mauvais. Je ne chercherai pas à le combattre par tous les arguments qu'on peut lui opposer ; je ne citerai qu'un fait qui le condamne irrévocablement : la plupart des nominations émanées de l'ancien gouvernement ont ouvert le sanctuaire de la justice à des lévites indignes de son sacerdoce. Qu'en est-il résulté ? C'est que les fonctions qui exigent le plus de lumières et d'expérience sont remplies par un grand nombre d'hommes inexpérimentés et ignorants, anciens avocats sans causes, que le public n'a pas estimés capables de comprendre et de plaider les procès, et qui, par un contre-sens inouï, sont appelés à les juger ; c'est que la magistrature, pour complaire à ses patrons et obtenir de nouvelles faveurs, est devenue courtisane et liberticide. J'en donne pour exemple la loi sur les annonces judiciaires, appliquée de façon à tuer la presse indépendante, et la jurisprudence en matière de délits de publicité contre les fonctionnaires publics.

Donc il faut réparer les fautes du passé, il faut en prévenir le retour.

On réparera les fautes en épurant la magistrature.

On les rendra impossibles pour l'avenir par une nouvelle organisation.

La première de ces deux propositions est d'une évidence qui frappe tous les esprits. Cela suffit pour qu'elle soit adoptée. Tout ce qui est nécessaire pour le bien public doit se réaliser.

On oppose une objection : la magistrature, dit-on, est inamovible, on ne peut y toucher.

Je réplique : La magistrature était inamovible, et je désire, pour la bonne administration de la justice, qu'elle le soit toujours ; mais les magistats qui sont aujourd'hui en fonction ne doivent leur privilége qu'à la Charte. Or, la Charte n'existe plus. Donc, l'inamovibilité qu'elle consacrait se trouve anéantie, et rien ne s'oppose à ce que les magistrats qui sont descendus dans l'arène politique ne subissent le sort des vaincus. Avec cette catégorie doit disparaitre la catégorie des incapables.

La seconde proposition est plus difficile à résoudre ; c'est tout un système à établir.

Jusqu'ici je n'ai vu se produire que des opinions dont les unes formulent des conditions de capacité et de moralité, dont les autres réclament l'élection populaire pour le choix des magistrats.

Je crois les premières insuffisantes, les secondes désastreuses.

Une énumération de garantie renferme quelque chose d'incomplet ou de trop exclusif. Par exemple, n'est-il pas reconnu que les titres académiques, que les diplômes de capacité, de licence ou de doctorat ne représentent pas assez d'instruction pour traiter, défendre, ou juger les affaires. N'est-il pas vrai qu'il faut à la théorie joindre la pratique ; et que la pratique souvent ne suffit pas, parce que les affaires exigent une aptitude spéciale que les hommes les plus instruits ne possèdent pas toujours. Prescrire de la théorie, c'est trop peu ; y ajouter un simple stage, ce n'est pas assez.

Livrer la nomination des Juges à l'élection populaire, c'est donner l'appréciation de la science des lois et de la jurisprudence à ceux qui ne la connaissent pas : c'est comme si l'on demandait l'avis d'un maçon sur la manœuvre d'une armée.

Laissons donc de côté les opinions dont je viens de parler. Examinons si l'organisation que je vais proposer n'est pas préférable.

Donner les nominations judiciaires aux chefs de l'État, qui exerceront le pouvoir exécutif ; empêcher l'arbitraire en circonscrivant les choix dans une catégorie de citoyens qui aient subi la triple épreuve des études théoriques, de l'expérience et d'une élection éclairée ; voilà mon système.

Entrons dans les détails.

Nomination des Magistrats.

La nomination des magistrats appartient au pouvoir exécutif. C'est une prérogative qu'il possède, comme une dérivation nécessaire du devoir qui lui est imposé de rendre la justice.

Les adversaires de ce mode de nomination basent leur opinion sur l'arbitraire et les mauvais choix qui en résultent. Je reconnais avec eux l'inconvénient qu'ils signalent ; mais ce n'est pas une raison pour détruire la prérogative. On peut éviter l'abus sans anéantir la chose. Dès l'instant qu'on aura le moyen d'empêcher l'arbitraire, de prévenir les mauvais choix, il n'y aura plus de motif pour combattre le droit du ministre ou du chef de l'État ; l'institution sera parfaite.

C'est à ce but que tendent les propositions qui vont suivre.

Il ne faut choisir les magistrats que dans la classe des citoyens qui joignent la pratique des affaires à l'étude des lois.

Ce sont les avocats et les avoués.

Voilà un premier choix.

Un second est nécessaire. Si tous les avoués et les

avocats ont des connaissances, tous n'ont pas d'aptitude, et l'expérience les échelonne à des degrés de mérite fort inégaux; si la plupart ne laissent rien à désirer sous le rapport de la moralité, il n'en est pas de même de quelques-uns; si leur titre est une recommandation, leur titre ne doit pas être un marchepied qui élève à la magistrature des ambitions ou des médiocrités. Il y a donc des éliminations à faire, des précautions à prendre.

1° Ne seraient appelés à la magistrature que les avoués et les avocats, les anciens avoués et les anciens avocats ayant huit années d'exercice, outre le stage.

2° Ne pourraient être nommés que ceux d'entre eux qui auraient donné des preuves d'aptitude, de talent et de moralité : *les notables.*

Qui les reconnaîtra et les signalera?

Personne n'est mieux en état de le faire que les citoyens qui vivent de la même vie, qui les voient fonctionner tous les jours, qui ont les lumières nécessaires pour apprécier leur talent ; c'est tout ce qui compose le tribunal près duquel les candidats exercent leurs fonctions.

Je constituerais en conséquence un jury composé des juges, procureurs, substituts, avocats et avoués de chaque tribunal, et je l'appellerais à désigner

quels sont les notables du ressort capables et dignes
de devenir magistrats.

Le jury se réunirait en assemblée générale , et
choisirait, à la majorité des voix, un nombre de candidats égal à celui des magistrats du tribunal.

Il indiquerait, à la suite de chaque nom , les
qualités particulières qui les distinguent et les re-
commandent.

On procèderait de même à la Cour d'appel. Il est
équitable que les avocats et les avoués qui exercent
près d'elle soient admissibles à la magistrature.
Mais les conseillers ne devant être choisis que parmi
les magistrats en exercice, ainsi que je l'expliquerai
plus loin, on ne se baserait pas sur leur nombre
pour déterminer celui des candidats à présenter par
la cour. Je fixe ce dernier à dix.

Toutes les fois qu'un candidat aurait été pourvu,
qu'il aurait déclaré renoncer au bénéfice de sa can-
didature, ou qu'il serait décédé , on pourvoierait à
son remplacement dans la forme qui vient d'être
indiquée.

Il en serait ainsi lorsque , sur la proposition du
tribunal ou de six membres au moins de l'assemblée, celle-ci reconnaîtrait qu'un candidat aurait
démérité par des actes portant atteinte à sa probité
et à son honneur.

Sur les présentations des cours et tribunaux, il

serait dressé, au ministère de la justice, *un tableau des candidats à la magistrature*. Le tableau contiendrait le nom des notables, leur domicile, la durée de leur exercice, leur âge et la date de leur inscription.

Outre le tableau des candidats, il y aurait au ministère *un tableau d'avancement pour les fonctionnaires en exercice*.

A cet effet le ministre, après avoir préablement déterminé le nombre des noms à inscrire pour chaque catégorie de magistrats, et la proportion dans laquelle les cours et tribunaux y contribueraient suivant leur importance, prendrait l'avis des tribunaux et des cours, qui seraient réunis et délibèreraient suivant la forme qui a été indiquée pour la désignation des notables.

Le tableau des candidats et celui d'avancement seraient révisés tous les ans, à l'époque des vacations, en raison des promotions, retraites, décès ou suppressions qui auraient eu lieu dans l'année, et des remplacements à faire. Il serait donné, en tête, copie des nominations et promotions effectuées depuis la confection des tableaux précédents.

Des exemplaires de l'un et l'autre tableau seraient adressés aux cours d'appel, aux tribunaux de première instance, aux ordres des avocats et aux chambres des avoués.

Nul ne serait nommé juge de paix, juge de première instance ou membre des parquets, s'il n'était porté sur le tableau des candidats.

Aucun magistrat ne serait promu à des fonctions supérieures, s'il n'était inscrit sur le tableau d'avancement, et s'il ne remplissait les conditions de hiérarchie ci-après indiquées.

Hiérarchie.

La hiérarchie est un gage d'aptitude pour les fonctions supérieures et une récompense pour les services rendus.

Nul ne pourrait être président d'un tribunal, s'il n'avait été juge de paix ou juge de première instance.

Les conseillers seraient choisis parmi les présidents des tribunaux ;

Les présidents de chambre parmi les conseillers ; le premier président, s'il y en avait encore, parmi les présidents de chambre.

On ne pourrait arriver à la Cour de Cassation sans avoir été président de cour d'appel, professeur de droit dans une faculté ou ministre de la justice.

Les membres du parquet, qui sont en quelque sorte les agents du ministre, ne seraient pas soumis aux règles hiérarchiques.

Inspecteurs judiciaires.

Il n'existe peut-être pas un seul plaideur qui n'ait

à se plaindre des lenteurs des procès. Cet inconvénient provient de trois causes : 1° des formalités légales ; 2° de l'intérêt et de la négligence de ceux qui les accomplissent ; 3° de l'irresponsabilité des juges.

Pour faire cesser l'effet, il n'y a qu'à supprimer les causes qui le produisent.

Celle qui tient aux formalités sera l'objet de la révision du code de procédure. Nous n'avons pas à nous en occuper, quant à présent. Celle qui touche à l'intérêt des avoués et des greffiers se rattache au tarif, dont le principe peut être changé par l'Assemblée constituante ; nous l'examinerons tout à l'heure. La troisième est ici à sa place : étudions-la.

Je prends un exemple pour faire mieux comprendre ma pensée.

Je suppose que les délais prescrits par le code pour la signification des moyens de défense soient de rigueur, qu'on applique à toutes les causes l'obligation d'une défense écrite, et que pour chacune et *dans lesdits délais,* on soit obligé de remettre aux juges copie de la demande et de la défense ; je suppose enfin que, à l'expiration des délais, sur la demande de la partie la plus diligente, le tribunal *devra* statuer par un jugement qui sera réputé contradictoire, bien que l'une des parties refuse de plaider. Qu'arrivera-t-il ? Les procès seront jugés promptement ou les retards seront imputables aux magistrats. Pour éviter les retards, rendons-en les magistrats responsables. Accordons-leur 15 jours pour terminer les affaires en état; et s'ils laissent écouler ce délai sans avoir prononcé, sans que les remises soient consenties par toutes les parties ou sérieusement motivées, frappons-les d'une amende.

On ne peut admettre comme excuse l'encombrement des affaires. L'encombrement n'est dû qu'à la paresse des juges ou à la négligence des défenseurs. Que les juges se donnent un peu plus de peine pour gagner leur traitement; s'il ne suffit pas d'une audience par semaine pour l'expédition des procès, qu'ils en donnent deux, qu'ils en donnent trois, qu'ils en donnent six, s'il le faut; qu'ils travaillent enfin jusqu'à ce qu'ils soient au courant, et que les causes puissent être jugées au fur et à mesure qu'elles se présenteront.

Il y a parité de motifs pour stimuler ou punir par des amendes les avoués et les avocats, lorsqu'ils négligent de remplir à temps les formalités dont l'accomplissement leur est confié.

Tout cela étant, il faudra une autorité pour contrôler les juges et les défenseurs et prononcer l'amende.

Je la donnerais à des inspecteurs judiciaires.

Ils l'exerceraient paternellement et souverainement.

Dans les cinq premiers jours de chaque mois, les

greffiers adresseraient aux inspecteurs copie des rôles, avec indication de la nature des affaires, de la date des assignations, des décisions intervenues ou des motifs de remise.

Les inspecteurs se rendraient en outre près des cours et tribunaux pour y faire des vérifications, qui porteraient non seulement sur les affaires d'audience, mais encore sur celles qui se traitent en dehors, telles que les ordres, les enquêtes, etc.

Il y aurait un inspecteur par chaque cour d'appel.

Les inspecteurs seraient nommés par le chef de l'Etat, et inamovibles comme les autres magistrats.

Leurs appointements seraient égaux à ceux des conseillers ; ils recevraient en outre une indemnité de voyage. Mais pour ne pas surcharger le budget, je diminuerais d'un conseiller, de plusieurs peut-être, chaque cour d'appel. L'économie résultant de cette réduction, qui peut avoir lieu sans inconvénient, et le produit des amendes à provenir de l'institution que je propose, couvriraient et au-delà les frais de l'inspection.

C'est quelque chose de si nouveau que de parler de responsabilité pour les juges, et je touche à des susceptibilités si grandes que je dois m'attendre à des objections de toutes sortes. Je veux aller au devant.

Me dira-t-on que l'intérêt des justiciables est sauvegardé suffisamment, à l'égard des magistrats, par le principe général qui rend tous les citoyens responsables du dommage qu'ils causent à autrui. Je répondrai que l'extension du principe s'arrête devant l'irresponsabilité des magistrats. Il faudrait plus que de la négligence, il faudrait le deni de justice, c'est-à-dire quelque chose comme un crime, pour motiver des poursuites contre eux. Dans le cas même où leur négligence donnerait lieu à une action, ainsi qu'on peut le soutenir au regard des avoués, est-ce que les uns et les autres n'auraient pas vingt prétextes, je dirai plus, vingt raisons pour échapper à la réclamation du malheureux plaideur. J'ajouterai que le dommage occasionné au justiciable par les lenteurs des procès est le plus souvent indirect, par exemple : il aura des fonds engagés dans une distribution judiciaire ; la procédure durera deux ans, comme je l'ai vu, au lieu de quelques mois, et pendant ce temps il sera gêné, tourmenté, torturé par le besoin, poursuivi par des créanciers, exproprié peut-être ; il subira un dommage moral et un dommage matériel, et il ne pourra rien contre son juge, rien contre son avoué, rien même, rien contre l'adversaire dont l'inertie ou les mauvaises contestations auront occasionné sa ruine, parce que sa ruine n'est pas le résultat direct des faits dont il se plaindra. Il est de jurisprudence que le dommage indirect ne donne pas lieu à réparation.

Si le dommage au contraire est palpable, évident, prouvé, de nature à motiver une réclamation, il faudra donc entrer dans un second procès pour sortir d'un premier, s'exposer à beaucoup de retards pour en éviter quelques-uns, demander aux juges, *souverains maîtres et appréciateurs des actions en dommages intérêts*, une condamnation contre leurs collègues, sauf à leurs collègues à les condamner ou les absoudre à leur tour, quand pareille occasion se présentera ; est-ce que c'est praticable, est-ce que cela se fait, est-ce que c'est possible ?

2ᵉ Objection. En contraignant les juges à prononcer dans un court délai, on entrave la liberté des plaideurs, et quelquefois il sera contraire à l'intérêt de ceux-ci d'imprimer à la procédure une allure plus rapide que celle qu'eux-mêmes ou leurs conseils jugeraient convenable de lui donner.

Je dis à cela que les délais déterminés par la loi, sont calculés de manière à donner aux justiciables le temps de se mettre en mesure. Ils suffisent. Si les plaideurs désirent les prolonger d'un commun accord, ils en sont libres ; la mesure que je propose n'a pas pour objet d'entraver leur liberté ni de les faire juger malgré eux. Mais si les sursis ne sont pas consentis, il ne faut pas qu'une négligence quelconque et de quelque part qu'elle vienne nuise au plaideur qui a fait ses diligences en temps utile ; et quand celui-ci demandera justice, justice doit lui être rendue. Ceux qui la retarderont devront être punis.

3e Objection. La responsabilité porte atteinte à la considération dont les juges ont besoin d'être entourés.

Distinguons entre le principe et son application.

Le principe n'a rien de blessant ; la loi ne déconsidère pas un fonctionnaire en prenant des mesures d'ordre pour l'accomplissement des devoirs qu'elle lui impose. Les inconvénients sont dans l'application. Celle qui entraînerait des explications publiques, un débat entre les juges et les justiciables, un droit de plainte à des autorités supérieures nuirait quelquefois aux fonctionnaires qui en seraient l'objet. Mais la mesure en question n'offre rien de semblable. Je l'ai précisément imaginée comme un moyen de sauvegarder la considération des magistrats tout en assurant l'expédition des affaires. Par l'indépendance et l'inamovibilité des inspecteurs, je garantis l'effet et l'exercice de la mesure ; par la manière dont elle s'accomplit, j'évite les plaintes et la publicité, les haines et leurs conséquences, les contestations et leurs inconvénients. Je préviens ou je punis les négligences ou les fautes sans toucher à la réputation de ceux qui les ont commises.

4e Objection. Les clients ont un gage d'activité de

la part des avoués et des avocats dans la concur—
rence que ceux-ci se font, chacun dans leur classe,
et dans l'intérêt qu'ils ont à bien conduire les procès
pour conserver et augmenter leur clientelle.

L'argument est spécieux. Mais la preuve qu'il ne
produit pas dans la pratique l'effet qu'on lui suppose, c'est que les lenteurs judiciaires existent par-
tout. Je dirai plus ; ce sont précisément les avoués
les plus occupés qui retardent les procédures, ce sont
les avocats les plus affairés qui ajournent les plai-
doiries. Soyons convaincus d'une chose, c'est que
pour éviter l'amende, on trouvera le moyen de vider
l'arriéré des affaires et de les plaider à leur tour; et
les clients, dans l'intérêt desquels on soulève l'objection, ne se plaindront pas d'une mesure qui fera
promptement expédier leurs affaires.

Égalité des Magistrats.

Pour compléter l'organisation des tribunaux, on
supprimerait les distinctions de classe qui existent
soit entre les tribunaux, soit entre les cours. Cette
distinction est contraire à l'égalité. Pourquoi les tribunaux qui exercent les mêmes pouvoirs seraient-ils
inégaux? Pourquoi les membres qui les composent,
remplissant des fonctions analogues, recevraient-ils
des traitements différents. Le juge de Neufchâteau ne
donne-t-il pas son temps à ses fonctions comme celui

de Nancy; le conseiller de Nancy comme celui de Bordeaux ? Est-ce que le magistrat d'un tribunal composé de deux chambres est plus occupé que celui d'un tribunal composé de trois membres? Non ; car si le premier tribunal a plus d'affaires, il a plus de monde pour les expédier. L'égalité est donc de droit, et l'équité la prescrit.

DEUXIÈME QUESTION.

Justice pour les Pauvres.

Pour établir l'égalité devant la justice, il faut que l'égalité dans le droit soit complétée par l'égalité dans le pouvoir de l'exercer. C'est le pouvoir qui manque aux pauvres.

Rien n'est plus facile que de remédier à l'iniquité qui les arrête au seuil des tribunaux, ou qui les écrase s'ils y pénètrent. Il ne faut qu'un peu de bonne volonté et un décret en vingt lignes.

Art. 1er. Tous les avoués et avocats seront tenus de prêter gratuitement leur ministère aux justiciables qui ne seront pas en état de pourvoir aux frais de procédure. L'administration des domaines enregistrera en débet les actes de leurs procès, sauf aux uns et aux autres à récupérer les dépens contre l'adversaire aisé qui succombera.

Art. 2. Jouiront du bénéfice de l'article précédent les citoyens qui seront jugés en avoir besoin d'après une base déterminée par l'impôt ou autrement, et qui représenteront à cet effet un certificat délivré par le maire de leur domicile et deux conseillers municipaux, qui l'affirmeront en leur âme et conscience.

Art. 3. Les affaires de cette nature seront soumises au bâtonnier des avocats et au président des avoués, qui les distribueront à leurs confrères à tour de rôle.

Qui oserait se plaindre d'un pareil décret? L'État? Non, car il accomplit un devoir. Les avoués et les avocats? Non, car ils n'exposent rien, ne donnent que leur temps, ont une chance de rétribution. Non, car ils ont toujours été en tête du mouvement libéral, et ils ne peuvent se prêter qu'avec dévouement à une mesure qui invoque à leur égard le grand principe de la fraternité démocratique.

J'arrive à la troisième question, celle du

TARIF.

Lorsque mes convictions sont opposées aux lenteurs et à la multiplicité des formes de procédure, je ne puis admettre la fixation actuelle des dépens, qui est, dans la plupart des cas, proportionnée aux formalités, ce qui intéresse à les multiplier, à les étendre encore. Je ne puis admettre non plus que les frais excèdent la valeur du litige, par exemple qu'un mineur, héritant d'un immeuble de 200 fr., soit obligé d'en dépenser 400 pour le vendre; ceci blesse l'équité, offusque la raison; c'est injuste comme le serait un impôt supérieur à la chose imposée.

Enfin je regarde comme une calamité l'incertitude et la chance illimitée des dépens auxquels on est exposé en commençant un procès.

Je pense donc qu'il faut changer les bases du tarif, faire en sorte que le justiciable puisse autant que possible apprécier les frais, et empêcher qu'il ne soit ruiné pour un intérêt minime.

Dans ce but, je propose de tarifer les frais en proportion de la valeur du litige.

Mon système est équitable; il a une analogie dans l'impôt progressif. Il commence la réforme qui doit rendre la justice aussi accessible aux pauvres qu'aux riches. Il ne nuit pas à l'Etat ni aux officiers ministériels; car si d'une part il les rétribue avec parcimonie, d'autre part il leur donne des compensations suffisantes.

Il a d'un autre côté l'avantage de simplifier singulièrement le tarif. Il cesse d'en faire une œuvre obscure où le plaideur cherche vainement des appréciations; il lui indique quelles chances il court, quelles pertes il risque; il met les officiers ministériels à l'abri des suppositions offensantes qui naissent dans l'esprit des clients mécontents.

Je n'entrerai pas ici dans les détails du tarif à faire sur les bases que je signale, par le motif qu'ils

ne feront pas l'objet des travaux de l'Assemblée con
stituante ; je les réserve pour un travail ultérieur ;
en ce moment je ne m'attache qu'au principe. Il me
semble qu'il n'a pas besoin de développement, l'idée
comporte en elle-même son utilité. Elle me paraît
d'une si grande simplicité et d'une équité si frap-
pante, qu'elle doit se concilier au premier aspect
toutes les intelligences et toutes les consciences. Seulement, je vais citer quelques exemples pour démontrer la praticabilité du projet.

La proportion des frais sera, je suppose, de 6 p.
100 sans fraction. S'agit-il d'un procès en justice de
paix, dont l'objet n'excèdera pas une valeur de 100
fr. ; je répartirai les 6 p. 0[0 entre l'huissier, qui a
fait la procédure, et l'État ; savoir : 4 fr. ou les qua-
tre sixièmes à l'huissier, 2 fr. ou les deux sixièmes
à l'État. Au-dessus de 100 fr. la proportion aura la
même destination. Même fixation devant les Pru-
d'hommes.

Faut-il appliquer le tarif à une cause de première
instance ou d'appel ? Je donnerai un sixième des
frais à l'huissier, quels que soient ses exploits et ses
courses, deux sixièmes à l'avoué, y compris les dé-
boursés de timbre, mise au rôle et correspondance,
un sixième et demi à l'avocat et un demi sixième à
l'État.

Si la cause est susceptible de mesures préparatoires, les frais seront augmentés d'un sixième pour les actes du greffe.

Au moyen de la part que je fais à l'Etat, celui-ci n'aurait plus de droit d'enregistrement à percevoir. Il toucherait son droit unique lors de l'enregistrement du premier acte, dans le cas où la valeur du procès serait déterminée. Dans les cas contraires, l'évaluation du litige sera nécessaire. Elle ne peut être basée que sur les éléments du procès, elle sera faite naturellement par les juges. Et l'Etat ne percevra son droit qu'après le jugement.

Je ne donne pas mes opinions pour un idéal parfait. On trouvera probablement une meilleure organisation judiciaire. Toutefois mon projet renferme, je crois, quelque chose de meilleur que ce qui existe ; il contient des idées neuves qu'il est utile de livrer au public qu'elles intéressent, aux méditations des hommes éclairés auxquels le Gouvernement provisoire, dans sa haute prévoyance, a confié l'étude de la question qui m'occupe, enfin aux représentants du peuple, qui doivent décréter l'organisation de la justice.

Nancy. — Typ. et Lith. de NICOLAS, passage du Casino.